樂動音符創意小點子

自製樂器的製作與設計

吳幸如、蘇孟苹　著

作者簡介

吳幸如

台南應用科技大學幼兒保育系助理教授

社團法人中華國際兒童產業暨教育協會創會理事長

中國國家職業培訓技術指導師（OSTA/CETIC）

潯洣國際嬰幼兒美感教學系統副總經理兼執行長

第十二屆台灣奧福教育協會副理事長暨秘書長

國際嬰幼兒律動輕瑜伽（IBESY）創辦人

台灣幼兒早期教育協會理事

台灣國際嬰幼兒發展協會教育委員

台南市基督教青年會兒少委員會委員

高雄市旗山區旗尾國小校務發展顧問

中國文化大學推廣教育中心母嬰美育課程證照班講師

國際奧福Orff／美國Kindermusik／嬰幼兒音樂藝術國際證照培訓講師

　　加拿大多倫多大學皇家音樂學院畢業，獲鋼琴演奏與理論教師特優雙文憑，並取得音樂藝術教育碩士學位，修習奧福、達克羅茲、高大宜等完整課程培訓，多年來從事兒童美感教育課程之研發與證照推廣，亦為潯洣國際事業有限公司副總經理暨美育教學執行長，擁有中國國家職業培訓技術指導師（OSTA/CETIC）資格。多次參與國際音樂治療研習，引發音樂治療在兒童與特教領域應用的興趣，赴美研修音樂治療課程，為美國音樂治療學會（AMTA）會員，並獲美國表達性藝術音樂治療（EAMT）證照、國際頌缽音療（MISP）證照、美國Kindermusik音樂藝術（KCL）培訓執照、國際Birthlight嬰幼兒瑜伽文憑（BDBY）、國際嬰幼兒按摩協會認證講師（CIMI）、國際幼兒在校按摩合格講師（MISP）、英國（TMTS）按摩治療師協會與加拿大（EAMT）按摩培訓學校認證講師資格。持續推廣兒童音樂教育逾二十年，受邀於中國山東、杭州、北京、西安、寧波等地擔任音樂與藝術師資培訓課程講師，多次主持國中、國小、幼教音樂師資培訓、擔任幼托中心機構之督導，與各縣市教育局

（處）主辦「美感教育」師資養成計畫。曾任台灣音樂輔助治療協會理事，受邀於楠梓特殊學校、南部精神醫療院所、特教機構、養護中心等從事音樂治療之輔導工作，及各大醫療機構的音樂治療與實務課程之講授分享與示範演練，專業之音樂著作多達十餘冊。

目前任職於台南應用科技大學幼兒保育系，教授：音樂教育概論、美感教育、兒童音樂治療、音樂課程設計、創造性肢體律動、幼兒肢體開發、創造性音樂戲劇、嬰幼兒節奏撫觸按摩、律動輕瑜伽、嬰幼兒手語歌謠、親子音樂活動、非洲鼓樂舞蹈、Educational Drum Circle、Drumhealing等課程。

蘇孟苹

學歷：國立中正大學成人及繼續教育學系研究所
　　　台南女子技術學院音樂系

是一個音樂教育工作者，從事兒童音樂教育多年，多次參與奧福、達克羅茲及其他音樂相關的研習及訓練課程。

序

音樂教育對於孩童的學習與成長有遠大的影響，其教學的目標乃在於增進孩童身心的均衡發展、激發孩童喜好音樂的興趣、培養音樂的基本能力，並發展孩童互動、愉悅、活潑與合作的精神。最能吸引孩童們的就是，利用他們生活周遭密切相關的事物，加以延伸與應用來作為主題的音樂活動，為生命添加美麗的色彩。敲敲打打是每人與生俱來的能力，也是最初的音樂入門方法，孩童能從簡易且種類繁多的節奏樂器來開始學習音樂，讓「音樂生活化，生活音樂化」，達到寓教於樂的精神。

本書內容介紹自製樂器的方法，舉凡各種敲得出聲音的用品皆可作為打擊樂器的素材。教學者可在活動中鼓勵孩童找出各類材料：鐵筷、紙盒、紙罐、鋁鐵罐、保特瓶、豆子、橡皮筋等，例如：豆子放進瓶中，可充當「沙鈴」；將鐵筷與晒襪架組合成「風鈴」；塑膠蓋子打洞繫上鈴鐺成為「手搖鈴」；紙盒與橡皮筋加工後變成「神奇魔音箱」等，讓各種打擊樂器在這些生活周遭物品中因應而生，藉資源回收再利用的概念，培養孩童多元思維發展，激發孩童對音樂的學習興趣、提高音樂的審美能力、建立良好音樂基本基礎，更進一步培養了孩童在活動中自我表現以及與他人協調合作的能力。書中有各種自製樂器的過程及節奏譜例，配合附贈的童謠CD樂曲，可提供音樂教師在教學資源的參考與應用。

隨著教育不斷改革的潮流，學習方法已採多元教學方式，由九年一貫能力指標中可清楚知道現今教育強調整合。藝術與人文領域中的音樂活動也採取統整的方式進行，以嘗試體驗各類表現媒材的教學來因應活動內容的豐富性。本書採「藝術即生活，生活即藝術」的概念，可運用於九年一貫藝術與人文領域教學中，讓學生親身參與探究各類藝術的表現技巧，並展現在樂器創作上，以鼓勵他們依據個人經驗及想像，發展創作靈感，使課程成為廣泛、全面、多元且統整的藝術教育。透過使用本書所附贈的傳統童謠CD，除了可進行歌唱教學外，教師可加入一些表演元素（如CD中呈現的彈舌、擊掌、拍腿、說白等音

效），運用感官、知覺和情感及藝術特質，提供學生探索生活環境中人、事、物的機會，設計出不一樣的活動教學。對於國小藝術與人文課程而言，此書亦是一個融合音樂、視覺與表演三個領域的統整教材。

　　本書也適合作為父母親與孩子的互動書籍。父母親本身不需具有深厚的音樂基礎，就可根據此書內容一起製作出屬於孩子的專屬樂器，配合童謠CD來敲出節奏，從自由製造音響的過程中，激發出孩子的音樂創造力與合奏能力，拉近親子之間的距離。

前言

音樂在幼兒時期扮演了相當重要的角色，舉凡周遭的蟲鳴鳥叫、母親的哼唱與兒謠，甚至律動的配樂，都讓孩童的生命增添了豐富的音色。吸引孩童且最直接能讓他們回應的就是「聲音」。當孩童發現他可以隨手把玩出「聲音」時，不論是玩具、湯匙、小碗或筷子，只要出現在他們周圍的東西，拿到手後的第一個反應就是「敲打」出聲音。而透過敲打的過程，不但能訓練孩童大、小肌肉動作的協調性，培養節奏音感的敏銳度，亦能從各種活動中學習到反應能力、秩序感、思考能力及創造力。

以各式各樣的打擊樂器作為孩童音樂啟蒙教育工具的教學，首推奧福教學法（Orff-Schulwerk）。奧福（Carl Orff, 1895-1982）將樂器教學融合在自然界與日常生活之中，讓孩童親身體驗節奏世界，這是其節奏樂器教學的重點之一。奧福樂器發展至今，種類相當多元，包含了肢體敲擊樂器（body percussion）、天然樂器、自製樂器及奧福樂器。在自製樂器方面，有時奧福的教師運用日常生活中經常可接觸到的素材來製作自製樂器，讓孩童們可以了解各種樂器的特質及發聲原理，並透過樂器製作的過程，增加創造力、學習互助合作，甚至增進親子關係。再者，利用樂器來合奏，可使孩童們更快速地融入音樂，並在學習合奏的過程中，幫助他們明確地表達出音樂的思想與感覺，促進兒童音樂能力的發展。特別是在擊樂活動中，它能在敲打的同時，培養孩童的節奏感，增進類比思維發展，並得以完整的認識樂曲結構與風貌。因為節奏是各種藝術表現形式共有的元素，它在音樂中最直接的體現就呈現在打擊樂器的敲打中。

「音樂是天使的演講」，每一個音符都像是天使的曼妙舞步，所以能觸動人心。無調的打擊樂器，雖然沒有音高，但能烘托旋律，使聲音的表現更為豐富、更有色彩。在沒有旋律且純粹的節奏敲打中，它同樣能把人的抑揚頓挫、起伏跌宕等情感表現得淋漓盡致。由於節奏樂器易發出聲音且無音準的困擾，能夠滿足孩童製造聲響的慾望，因此孩童能從簡易且種類繁多的節奏樂器來開始學習音樂。從自由製造音響的過程中激發出孩童創造力，加強複習所建立的音樂概念，透過樂器展現出來。當然，這過程的最終目的還是讓孩童親身接觸音樂、喜歡音樂，日後可以終身享受音樂。

目 錄

樂動音符創意小點子

工具材料

針線盒

剪刀

不織布

彩色鈴鐺

蕾絲緞帶

塑膠蓋

鑽子

雙面膠

熱熔槍

製作過程

1 將塑膠蓋子的中間剪出一個中空圓。

2 用鑽子在塑膠蓋邊框鑽洞。

3 將鈴鐺綁上線後，繫於塑膠蓋之洞內。

4 用針線將紅色不織布縫一些皺摺，雙面以熱熔膠黏上蕾絲。

5 將塑膠蓋纏上金色緞帶後，與步驟4做好的蕾絲相黏。

6 作品完成。

小 小 建 議

1. 作品完成後可多加一些裝飾，美化成品。

2. 亦可選用不同大小的鈴鐺，使其音色更加豐富而有變化。

節奏練習

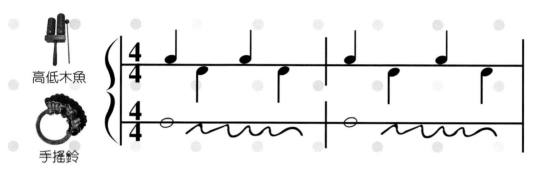

高低木魚

手搖鈴

適用於國小中年級之節奏範例

手搖鈴

沙　鈴

鈴　鼓

筆記欄

人偶串鈴

工具材料

色紙與粉彩紙

剪刀

不織布

保鮮膜捲筒

熱熔槍

寶特瓶

彩色鈴鐺

蕾絲緞帶

製作過程

1 先將寶特瓶瓶口朝下，用色紙與粉彩紙包裝寶特瓶瓶身，作成人偶造型，再利用熱熔槍固定鈴鐺。

2 將適合寶特瓶口徑大小的捲筒用粉彩紙包裹，留下最上面一小段紙後，剪開成放射狀。

3 將捲筒與寶特瓶瓶口頂端以熱熔槍接合固定，並利用不織布做成裙子狀，亦用熱熔槍將裙子固定於寶特瓶瓶身。

4 加上裝飾後作品完成。

小小建議

1. 樂器的外觀可做各種不同的造型與表情變化，例如：動物圖像。
2. 使用大小不同的彩色鈴鐺來裝飾，使音色更加豐富。

節奏練習

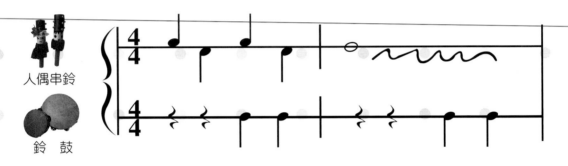

人偶串鈴

鈴鼓

適用於國小中年級之節奏範例

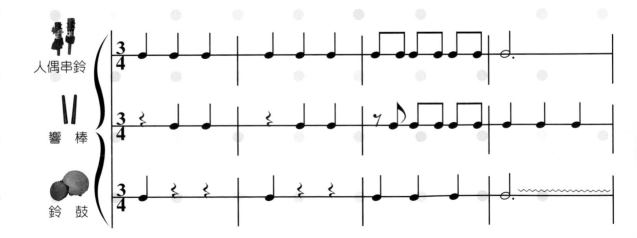

人偶串鈴

響棒

鈴鼓

風鈴

工具材料

晒襪架

針線盒

剪刀

彩色珠子

圓形鐵片

鐵筷數雙

毛線

製作過程

1 先用毛線綁住鐵筷的尾端。

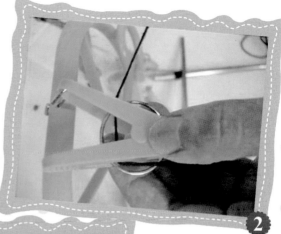

2 將鐵筷綁在曬衣夾上固定。

3 將毛線穿過鐵片，綁成串後，再吊掛於晒襪架的中心。

4 用線串起小珠子，吊掛於晒襪架上來裝飾風鈴。

5 作品完成。

小 小 建 議

可利用一些小飾品或小鈴鐺，穿掛於晒襪架上，讓造型更豐富有變化，且增加音響效果。

節奏練習

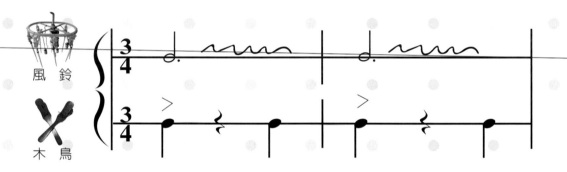

適用於國小中年級之節奏範例

鐵琴

工具材料

刀片

色紙與粉彩紙

不織布

保麗龍膠

紙盒

圓形鐵片

熱熔槍

冰棒棍

針線盒

製作過程

1 將紅色不織布剪小圓，放在鐵片上方及下方，並用針穿線做串連（鐵片放置的數量可以調整音色的高低，見圖6），再用保麗龍膠固定。

2 用熱熔膠將鐵片和冰棒棍固定。

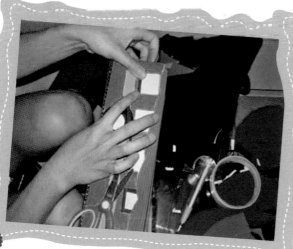

3 切割掉紙盒正反兩面，然後利用美術紙裝飾紙盒外觀。

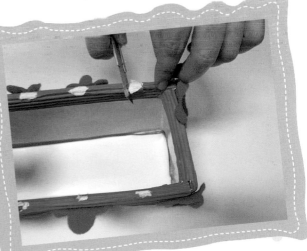

4 將紙盒兩側切割出幾個小凹槽，其凹槽寬度以能架著冰棒棍的大小為主（見圖5）。

⑤ 用保麗龍膠將黏貼好鐵片的
冰棒棍固定在紙盒的凹槽處。

⑥ 作品完成。

節奏練習

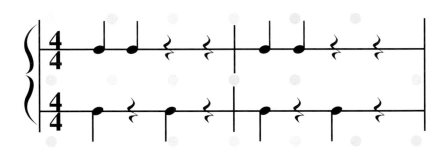

鐵琴

響棒

適用於國小中年級之節奏範例

筆記欄

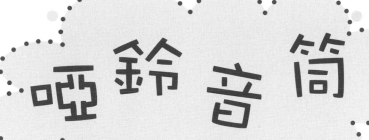

工具材料

保鮮膜捲筒

剪刀

不織布

保麗龍膠

熱熔槍

紙板

鐵罐四個

製作過程

1 將紙捲筒用熱熔膠固定在鐵罐內部，再將米或小石頭放入鐵罐中。

2 用剪刀剪一片適合鐵罐大小的紙板封蓋住罐口。

3 用熱熔膠固定紙板和鐵罐。

4 把不織布剪成鐵罐外圍大小後，利用保麗龍膠將不織布黏貼在鐵罐外圍，加以包裝。

5 　再利用不同顏色的不織布剪出造型加以裝飾。另一端的作法相同。

6 　作品完成。

小 小 建 議

　　鐵罐內的填充物，可放入珠子或綠豆、紅豆等等，來變化不同音色。

節奏練習

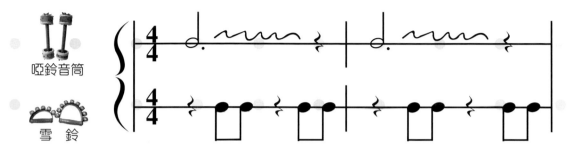

適用於國小中年級之節奏範例

筆記欄

鑼

工具材料

剪刀

蕾絲緞帶

鐵絲繩

鐵蓋

熱熔槍

鐵釘和鐵鎚

製作過程

1 利用鐵釘及鐵鎚將餅乾鐵盒邊緣穿兩個洞。

2 將鐵絲繩纏上緞帶做裝飾，尾端以熱熔膠固定。

3

　　將裝飾後的鐵線穿入鐵盒的兩個洞，並於後方固定後，即可完成作品（可利用現成的木棒或鼓棒來敲奏）。

小 小 建 議

可以請老師或父母幫忙將鐵蓋穿洞，避免發生意外。

節奏練習

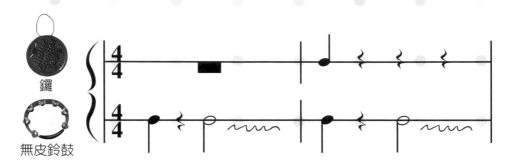

鑼

無皮鈴鼓

適用於國小中年級之節奏範例

鑼

手搖鈴

小　鼓

大　鼓

高低竹棒

工具材料

竹棒

熱熔槍

製作過程

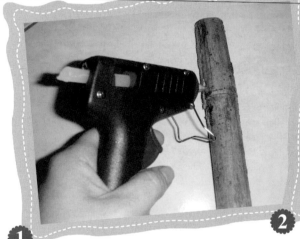

1 將竹棒切割成不同長短，塗上熱熔膠。

2 將不同長短的竹棒用熱熔膠黏好固定。

3 作品完成（利用現成的木棒或鼓棒來敲奏即可）。

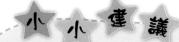

可利用紙捲筒來代替竹棒做出不同的樂器。

節奏練習

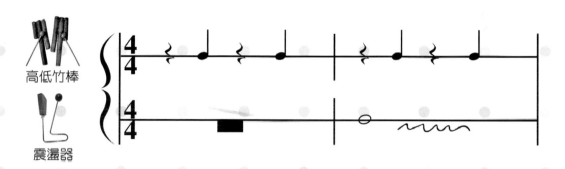

適用於國小高年級之節奏範例

筆記欄

雨聲筒

工具材料

牙籤

不織布

紅豆

餅乾罐子

色紙與粉彩紙

保麗龍球

熱熔槍

製作過程

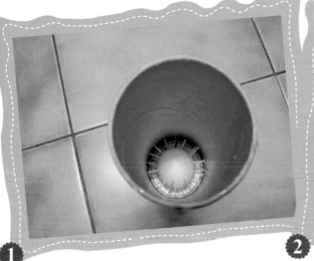

1 　將保麗龍球插上牙籤後，放入罐中，要裝滿整個罐子。

2 　把少許紅豆放入罐子後，將裝滿保麗龍球的兩個相同罐子口對口，利用熱熔槍將罐口黏合。

3 　利用不織布、色紙與粉彩紙依罐身大小設計出不同的圖形（例如：衛兵圖），然後將做好的圖形組合好，黏貼在罐身上。

4 　作品完成。

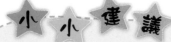

小 小 建 議

可以選擇不同長短的餅乾罐子，做出不同造型與音色的雨聲筒。

節奏練習

雨聲筒

沙　鈴

適用於國小高年級之節奏範例

雨聲筒

響　板

木　魚

38

括 胡

工具材料

剪刀

色紙與粉彩紙

透明膠帶

雙面膠

刷子

洗衣板

製作過程

1 利用黑色粉彩紙剪出胖胖熊的臉形，並用透明膠帶護貝。

2 用其他顏色色紙或粉彩紙剪出眼睛、鼻子、嘴巴等造型，再用雙面膠黏貼在臉形上。

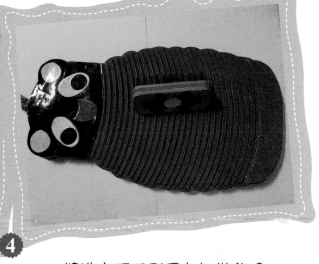

　　將做好的胖胖熊臉形貼在洗衣板上。

　　將洗衣板和刷子加以裝飾後，作品完成。

小 小 建 議

可以選擇不同大小、材質的洗衣板來製作括胡。

節奏練習

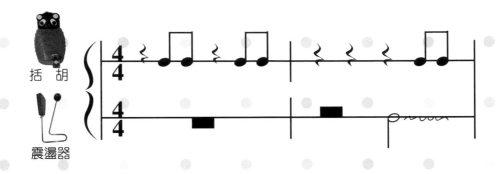

適用於國小高年級之節奏範例

響棒花

工具材料

保鮮膜捲筒

不織布

保麗龍膠

針線盒

剪刀

彩色膠帶

活動眼睛

製作過程

1 將不織布剪出一個花瓣形狀及兩個圓形的花蕊。

2 將花瓣的正反兩面分別縫上圓形花蕊，內部塞入棉花並縫合，讓花朵更立體。

3 可以畫上眼睛或貼上活動眼睛，做出可愛的造型。

4 用綠色不織布做成花托，將花朵與花托縫合後，套入用彩色膠帶裝飾的捲筒，利用保麗龍膠固定。

5 作品完成。

小小建議

造型花可以改成不同動物圖樣的造型。

節奏練習

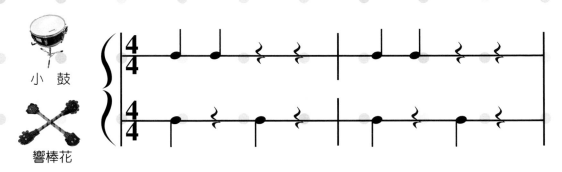

小　鼓

響棒花

適用於國小高年級之節奏範例

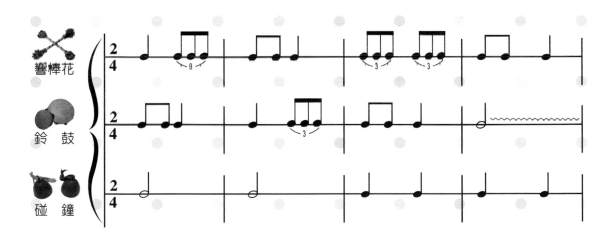

響棒花

鈴　鼓

碰　鐘

筆記欄

樂動音符創意小點子

彩色吸管琴

工具材料

竹筷

吸管

粗吸管

剪刀

彩色膠帶

熱熔槍

蕾絲緞帶

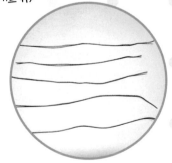

鐵絲

保麗龍膠

繩子

製作過程

作法一

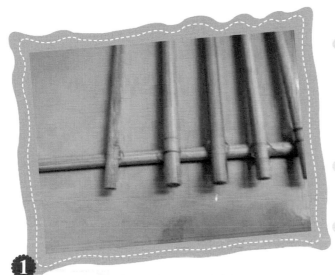

1 用熱熔膠將八根竹筷的一端垂直黏在一根竹筷上。

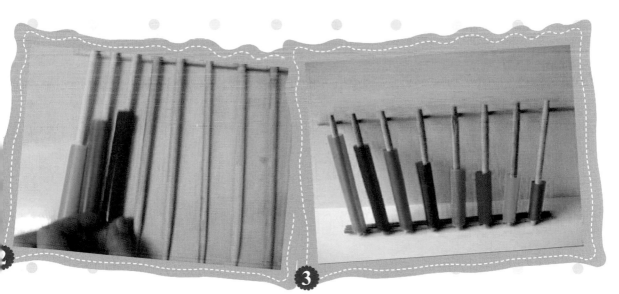

2 將彩色粗吸管剪成不同長短，套入另一端未黏住的竹筷中。

3 用熱熔膠將每一根筷子的另一端黏在另一根橫放的筷子上，即可完成作品（可利用現成的木棒或鼓棒來敲奏出聲音）。

作法二

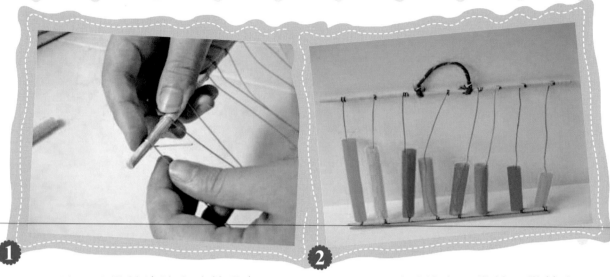

1 將八根鐵絲纏繞在竹筷子上。

2 再將吸管套入鐵絲，鐵絲的另一端纏繞在另一根竹筷子上，綁上提繩即可完成作品。

如何變身為排笛

1 先將吸管剪成不同長短。

2 將吸管由短排到長。

3

　　吸管底部用彩色膠帶裝飾，並
用保麗龍膠將所有吸管黏好固定。

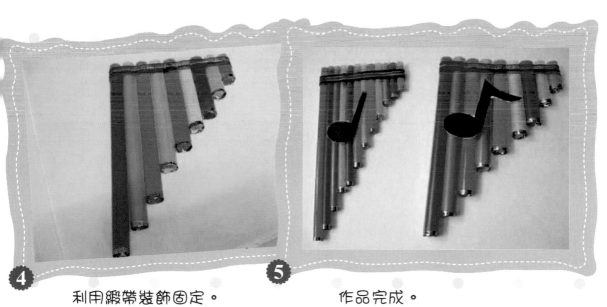

4
　　利用緞帶裝飾固定。

5
　　作品完成。

節奏練習

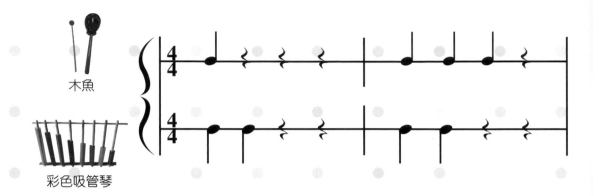

木魚

彩色吸管琴

適用於國小高年級之節奏範例

彩色吸管琴

三角鐵

鈴　鼓

旋轉糖果棒

工具材料

彩色珠子

鐵筷

布丁盒

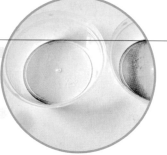

塑膠杯

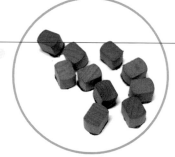

木塊

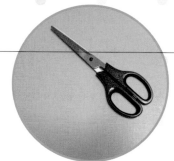

剪刀

熱熔槍

保麗龍膠

彩色膠帶

塑膠材質包裝紙

蕾絲緞帶

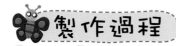 製作過程

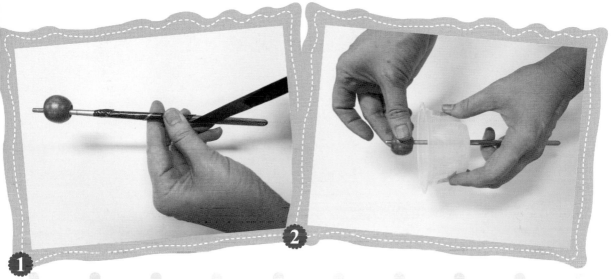

1

　　將珠子從鐵筷頂端穿入，並利用彩色膠帶加以裝飾，用保麗龍膠固定住珠子。

2

　　布丁盒（或塑膠杯）底下挖洞後穿入鐵筷。

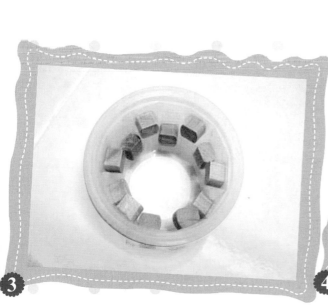

3

　　另一個布丁盒內黏上小木塊。

4

　　將兩個布丁盒口對口，用熱熔膠黏合。

5 利用塑膠包裝紙加以包裝。

6 用蕾絲加以裝飾，作品完成。

小小建議

可以在布丁盒內放入小石子或豆子，利用小石子或豆子碰撞木塊來變化音色。

節奏練習

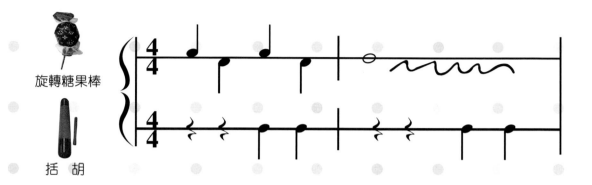

旋轉糖果棒

括　胡

適用於國小高年級之節奏範例

沙　鈴

旋轉糖果棒

手搖鈴

筆記欄

蝴蝶碰碰鼓

工具材料

彩色膠帶

剪刀

塑膠杯

熱熔槍

蕾絲緞帶

繩子

小裝飾品

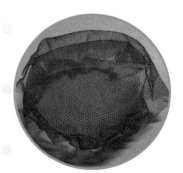

綠色紗網

製作過程

1

先用紙封住杯口,再用紗網覆蓋於紙上,在杯子的外緣以熱熔膠固定紗網後,在杯子的腰身綁上繩子。

2

再用彩色膠帶和蕾絲加以裝飾。

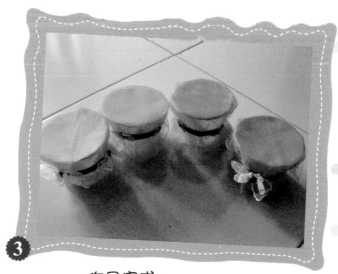

3

作品完成。

小小建議

塑膠杯內可以放入少許豆子，來變化不同的音色。

節奏練習

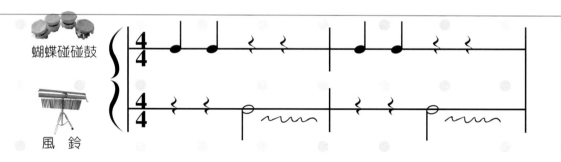

蝴蝶碰碰鼓

風　鈴

適用於國小中年級之節奏範例

蝴蝶碰碰鼓

三角鐵

沙　鈴

扭扭蛋沙鈴

工具材料

布

紅豆

蕾絲緞帶

熱熔槍

剪刀

扭蛋空盒

製作過程

1 利用扭蛋的空盒裝入紅豆（或彩色珠子）。

2 用布包裝，綁上緞帶，用熱熔膠固定後，即完成作品。

可以在扭扭蛋沙鈴中放入不同的豆子或是小石子，來變化不同的音色。

節奏練習

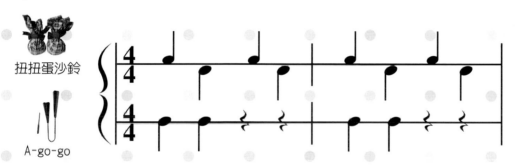

扭扭蛋沙鈴

A-go-go

適用於國小中年級之節奏範例

扭扭蛋沙鈴

手搖鈴

鈴鼓

響板

筆記欄

神奇魔音箱

工具材料

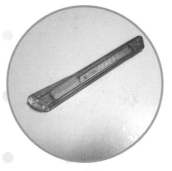

刀片

紙盒

彩色膠帶

橡皮筋

雙面膠

T字釘

色紙與粉彩紙

製作過程

1 先在紙盒中間割出四方形。

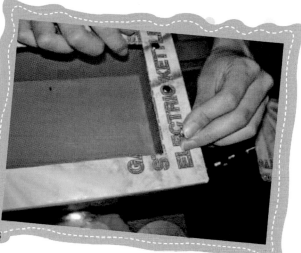

2 在左右兩旁分別釘入三個T字釘（可依需要加裝T字釘）。

3 亦可以利用粉彩紙裝飾外觀，再套上橡皮筋，即可完成作品。

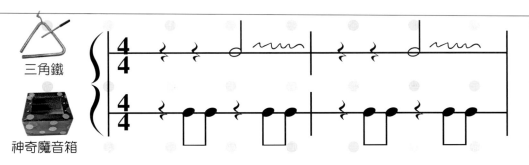

可以利用不同大小的紙盒製作不同音色的魔音箱。

節奏練習

適用於國小中年級之節奏範例

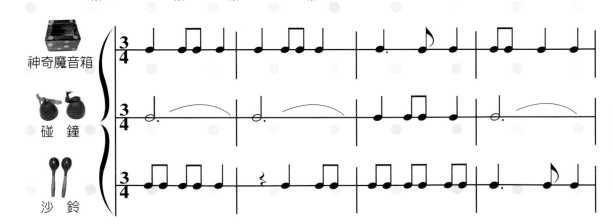

向日葵手鼓

工具材料

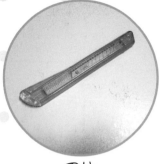

刀片

剪刀

厚紙板

色紙與粉彩紙

彩色膠帶

雙面膠

冰棒棍

透明膠帶

竹筷

製作過程

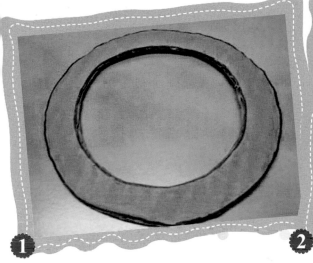

1 將厚紙板剪成兩個圓形，中間割出一個中空圓，並在兩個中空圓形紙片中間黏上投影片。

2 用粉彩紙裝飾圓框。

3 用黃色和橘色的紙剪出類似葉子的形狀，並用透明膠帶護貝，貼在已做好的圓形紙板上。

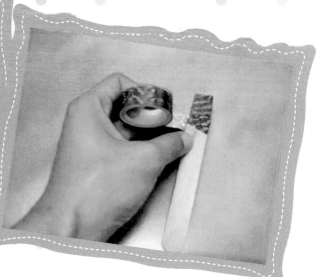

4 將冰棒棍或竹筷纏上綠色的膠帶，利用雙面膠貼於圓形紙板下方當作握把。

5 作品完成。

 小小建議

可以改變造型，做出動物圖樣，增加趣味性。

節奏練習

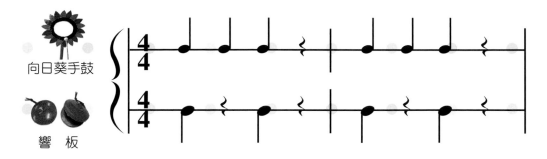

向日葵手鼓

響　板

適用於國小中年級之節奏範例

向日葵手鼓

手搖鈴

小　鼓

筆記欄

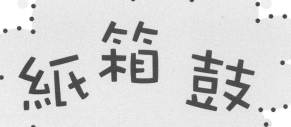

工具材料

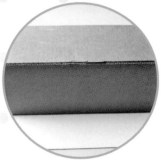

紙盒

色紙與粉彩紙

紙箱

剪刀

透明膠帶

雙面膠

製作過程

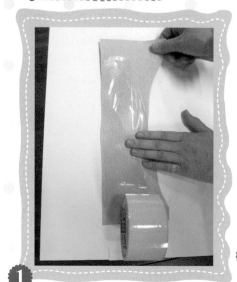

1 先將粉彩紙用膠帶護貝。

2 將護貝後的粉彩紙剪出草的形狀，貼在紙箱上。

3 在紙箱上方的兩側各挖兩個
小洞,綁上提把,再黏上小花裝
飾。

4 作品完成。

可以用餅乾盒來代替小紙箱,做成不同大小的紙箱鼓。

節奏練習

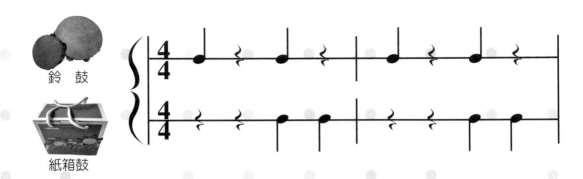

鈴　鼓

紙箱鼓

適用於國小高年級之節奏範例

紙箱鼓

響　板

手搖鈴

竹 琴

工具材料

竹子

剪刀

麻繩

熱熔槍

大美工刀

製作過程

❶

用大美工刀將竹子切割成七段
不同的長度。

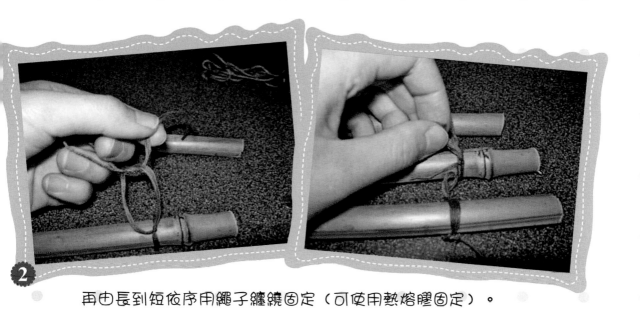

2 再由長到短依序用繩子纏繞固定（可使用熱熔膠固定）。

3 最後在頂端綁上提把，利用竹筷子或打擊棒來敲奏。

小 小 建 議

1. 竹琴一定要按照長短順序來排列，才能產生音色的高低。
2. 由長至短或短至長來排列都可以。

節奏練習

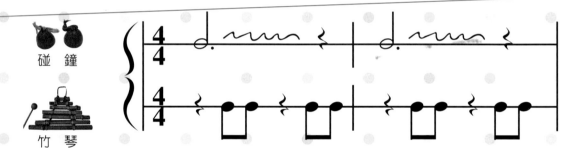

適用於國小高年級之節奏範例

棒棒糖鼓

工具材料

不織布

竹筷

保麗龍膠

鐵罐

彩色鈴鐺

剪刀

彩色膠帶

熱熔槍

雙面膠

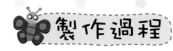 製作過程

①

在鐵罐兩側穿洞，把繩子從鐵罐的洞穿入後，將珠子綁在鐵罐內側固定住繩子，罐外綁上鈴鐺。

②

蓋上蓋子後，利用粉彩紙、不織布加以裝飾。

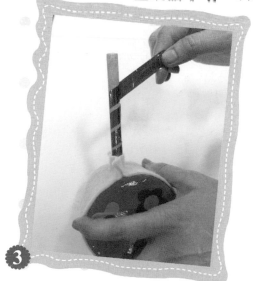

③

④

在鐵罐下方穿洞，插入握棒（竹筷子），以熱熔膠固定，再利用彩色膠帶裝飾握棒。

作品完成。

小 小 建 議

鐵罐打洞的過程要小心,避免割傷手指,較小的孩子可以請父母或老師幫忙一起製作。

節奏練習

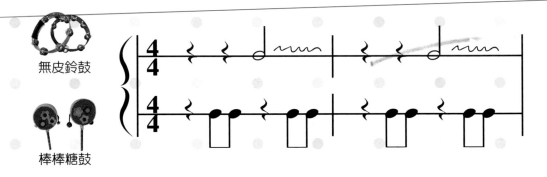

無皮鈴鼓

棒棒糖鼓

適用於國小中年級之節奏範例

棒棒糖鼓

響　棒

手搖鈴

雙面鼓

工具材料

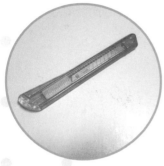

刀片

剪刀

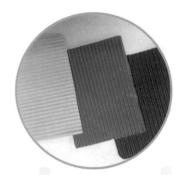

瓦楞紙

鐵絲繩

熱熔槍

紙盒

塑膠蓋

製作過程

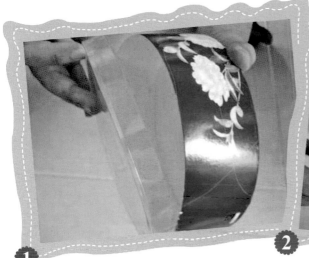

1 將圓形紙盒和塑膠蓋子用熱熔槍黏住固定。

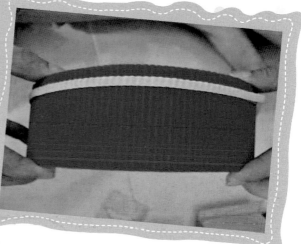

2 用瓦楞紙包裝和裝飾紙盒。

3 在紙盒邊緣用刀片割兩個小洞，將鐵絲繩穿過，末端打結，做成手提把。

4 作品完成。

節奏練習

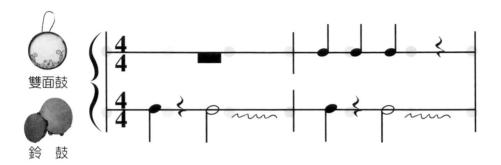

雙面鼓

鈴　鼓

適用於國小中年級之節奏範例

雙面鼓

響　板

鈸

小惡魔響板

工具材料

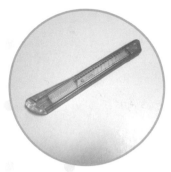

刀片

色紙與粉彩紙

熱熔槍

剪刀

透明膠帶

雙面膠

小木塊

牛奶紙盒

製作過程

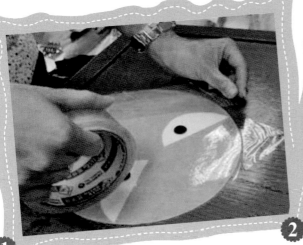

1 先用粉彩紙製作好小惡魔面具圖形，並用透明膠帶護貝。

2 將長方形牛奶紙盒開口處整面平整切除。

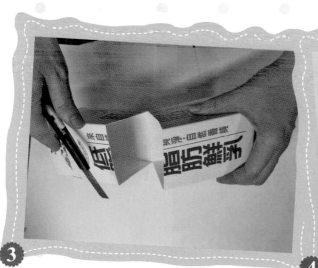

3 再將長方形牛奶紙盒對半切割，但保留一面不完全切斷。

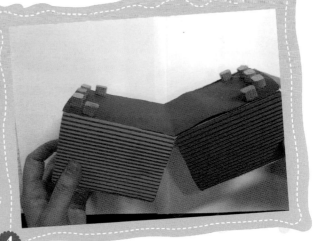

4 在未切斷的保留面貼上黑色的粉彩紙和小木塊。另三面以不同顏色粉彩紙裝飾。

5

將步驟1的小惡魔面具圖形切割成上、下兩半，在長方形牛奶紙盒的頂端和末端分別貼上小惡魔的上半臉和下半臉，作品即完成。

小小建議

可以將小木塊換成鐵瓶蓋，聲音會不一樣喔！

節奏練習

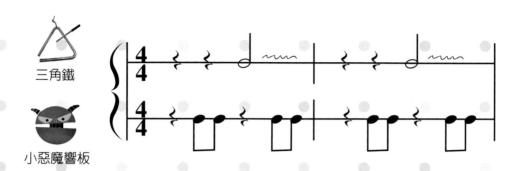

三角鐵

小惡魔響板

適用於國小高年級之節奏範例

小惡魔響板

沙　鈴

鈴　鼓

附錄：台灣童謠歌詞

1. 丟丟銅【宜蘭民謠　作詞：許丙丁】

火車行道依多　阿媽依多丟

噯唷磅空來　磅空的水依多

丟丟銅仔依多　阿媽依多

丟阿依多　滴落來

2. 點仔膠【詞曲：施福珍】

點仔膠　黏著腳　叫阿爸　買豬腳

豬腳箍仔　焄爛爛　飫鬼囝仔　流嘴瀾

註：引自施福珍（2003）。台灣囝仔歌一百年，p.87。台中市：晨星。

3. 羞羞羞【傳統念謠】

羞羞羞羞羞　攬籃仔搤湖鰍

羞羞羞羞羞　攬籃仔搤湖鰍

攏總搤幾尾唉呦　攏總搤兩尾

一尾煮來吃　一尾糊目珠

註：改編自施福珍（2003）。台灣囝仔歌一百年，p.101。台中市：晨星。

4. 火金姑【傳統念謠】

火金姑　來吃茶

茶燒燒　配芎蕉

芎蕉冷冷　配龍眼

龍眼蛀核　來食林菝仔核

林菝仔核無籽　控你的臭頭疕

註：改編自施福珍（2003）。台灣囝仔歌一百年，p.48。台中市：晨星。

5. 田蛤仔【詞曲：施福珍】

一隻田蛤仔嘴闊闊　　目睭吐吐腹肚大

三更半暝地唸歌　　　呱呱呱呱呱呱

呱呱呱呱呱呱　　　　呱呱呱呱呱呱

呱呱呱呱呱呱　　　　咕嚕哇咕嚕哇呱呱

註：改編自施福珍、康原（1996）。台灣囝仔歌的故事，p.84。台北市：玉山社。

6. 月光光【傳統念謠　曲：施福珍】

月娘月光光　　阿公仔掘菜園

菜園掘鬆鬆　　阿公仔欲種蔥

註：引自施福珍、康原（1996）。台灣囝仔歌的故事，p.27。台北市：玉山社。

7. 拜月娘【傳統念謠】

拜月娘　　拜月姐

好頭毛　　好嘴齒

大是兄　　細是弟

你不當　　舉刀給我　　割雙旁耳

註：改編自藍淑貞（2004）。台灣囝仔歌的教學佮創作，p.67。台南市：紅樹林台語
　　推展協會。

8. 點水缸【傳統念謠　曲：施福珍】

點啊點水缸　　誰人放屁爛尻川

點啊點水缸　　誰人放屁爛尻川

點啊點水缸　　誰人放屁爛尻川

註：改編自施福珍（2010）。台語兒童唱謠百曲集 I，p.83。台中市：亞洲大學幼兒教
　　育學系。

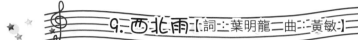

9. 西北雨【詞：葉明龍　曲：黃敏】

西北雨　直直落
鯽仔魚　卜娶某
鮎鰍兄　拍鑼鼓
火金姑　來照路
西北雨　直直落

註：改編自施福珍（2003）。台灣囝仔歌一百年，p.265。台中市：晨星。

10. 過新年【詞曲：施福珍】

冬至算來是冬天
家家戶戶是人搓圓
大人認真去賺錢
囝仔兄歡喜過新年

註：引自施福珍、康原（1996）。台灣囝仔歌的故事，p.97。台北市：玉山社。

11. 台灣的水果

台灣是一個寶島
歸年通天出水果
西瓜旺萊合葡萄
菝仔蓮霧合芎蕉
大大細細攏知影
台灣水果世界好

註：引自翰林出版公司發行（2006）。國民小學臺語課本翰林版第三冊第三課，
　　p.16。

12. 電器變把戲【詞：林麗黛】

電器電器真勢變把戲

洗衫機　洗衫省工袂費氣

電視機　精彩節目滿滿是

冷氣機　熱天嘛變甲冷吱吱

電冰箱　好食物冰甲鮮鮮鮮

註：引自林麗黛（2010）。台語讀本 5，p.40。台南市：金安。

13. 新娘仔【傳統念謠　曲：施福珍】

新娘水鐺鐺　褲底破一空

頭前開米店　後壁賣米香

米香無人買　跋落去屎礐底

註：改編自施福珍（2010）。台語兒童唱謠百曲集 I，p.49。台中市：亞洲大學幼兒教育學系。

14. 摸蜊仔【傳統念謠】

摸蜊仔摸蜊仔摸歸堆

順續洗褲真趣味

蜊仔掠轉去炒薑絲

褲洗清氣毋免披

國家圖書館出版品預行編目（CIP）資料

樂動音符創意小點子：自製樂器的製作與設計 / 吳幸如，

蘇孟苹著. -- 初版. -- 臺北市：心理，2013.05

面； 公分. -- （幼兒教育系列；51163）

ISBN 978-986-191-542-5（平裝附光碟片）

1.音樂教育 2.樂器 3.學前教育

523.23 102007302

幼兒教育系列 51163

樂動音符創意小點子：自製樂器的製作與設計

作　　者：吳幸如、蘇孟苹

音樂製作／CD 編曲：吳幸如

執行編輯：陳文玲

總　編　輯：林敬堯

發　行　人：洪有義

出　版　者：心理出版社股份有限公司

地　　址：231 新北市新店區光明街 288 號 7 樓

電　　話：(02) 29150566

傳　　真：(02) 29152928

郵撥帳號：19293172　心理出版社股份有限公司

網　　址：http://www.psy.com.tw

電子信箱：psychoco@ms15.hinet.net

駐美代表：Lisa Wu（lisawu99@optonline.net）

排　版　者：辰皓國際出版製作有限公司

印　刷　者：辰皓國際出版製作有限公司

初版一刷：2013 年 5 月

初版三刷：2020 年 2 月

I S B N：978-986-191-542-5

定　　價：新台幣 450 元（含光碟）